Fröhliche Weihnachten

Geschichten, Lieder und Gedichte

Fröhliche Weihnachten

Geschichten, Lieder und Gedichte

Ravensburger Buchverlag

Inhaltsverzeichnis

Geschichte Gedicht Lied

Geschichte Gedicht Lied

Hanna und die frechen Weihnachtsengel

„Morgen, Kinder, wird's was geben …"
Singend hüpft Hanna um den Schneemann. Endlich! Morgen ist Weihnachten! Um Hanna herum wirbeln die Schneeflocken. Sie dreht sich mit ihnen. Aber was ist das? Gerade sind zwei dicke Schneeflocken auf die Fensterbank gefallen – und die bewegen sich! Vorsichtig tappt Hanna näher.
„Du bist schuld!"
„Immer ich! Bestimmt bist du schuld!"
„Nein, du!"
Hanna blinzelt. Sitzen da wirklich zwei kleine Engel auf ihrer Fensterbank und streiten?
„He, was macht ihr da?", ruft Hanna.

Die Engel gucken Hanna verdutzt an.
„Meinst du, sie hat uns gesehen?“, fragt der eine.
„Klar hat sie!“, sagt der andere.
Hanna runzelt die Stirn. „Ihr könnt doch nicht über mich reden, während ich danebenstehe. Das gehört sich nicht!“
Da springt der dicke Engel auf und sagt: „Hallo, ich bin Flop. Und das ist mein Bruder Flip. Petrus hat uns aus dem Himmel geworfen, weil wir zu viel Unsinn machen.“
„Oh, wie schade“, findet Hanna. „Dürft ihr nie mehr zurück?“
„Doch!“, sagt der dicke Flop. „Aber vorher sollen wir Gutes tun. Wir wissen nur leider nicht, was.“
„Du weißt es nicht“, sagt Flip und pikst Flop in den Bauch.
„Nein, du!“ Flop stößt seinen Bruder mit dem Bauch zur Seite.
„Na, na!“, murmelt Hanna und fängt Flip auf. „Kommt erst mal herein, uns wird schon was einfallen.“

Schon hat Hanna eine Idee. Sie helfen Oma beim Keksebacken! Schnell läuft sie mit den Engeln ein Stockwerk höher. Oma freut sich. Sie geht telefonieren und lässt Hanna allein. Die Engel sieht sie nicht.
Hanna holt Mehl, Zucker, Butter und Eier. Plötzlich fällt ihr ein: „Oh, ich weiß gar nicht, wie viel wir von allem brauchen. Ich frag lieber Oma."
„Ach was!", rufen Flip und Flop. „Das wissen wir doch aus der Himmelsbäckerei!" Und schon wirbeln die Engel durch die Küche. Sie flattern auf und ab, schlagen die Eier auf, tragen Mehl und Zucker hin und her. Bald haben sie auf dem Tisch einen riesigen Mehl-Zucker-Eier-Butter-Haufen gemacht.
„Los, du musst jetzt kneten!" Flip sieht Hanna erwartungsvoll an. Hanna starrt auf den Tisch. „Ach du meine Güte!", ruft sie erschrocken.

Da guckt Oma durch die Küchentür. „Was ist denn hier passiert?", ruft sie. Auf ihrer Stirn ist eine dicke Ärgerfalte. Natürlich sieht sie die Engel nicht, sie sieht nur Hanna – und viel, viel Mehl.
„Hanna, was machst du denn da?"
Hanna lächelt Oma vorsichtig an und versucht, mit der Hand das Mehl von ihrer Hose zu klopfen. Sofort wirbelt eine dicke Mehlwolke empor – und nun ist Oma auch ganz weiß. Da muss Hanna lachen. Und Oma lacht mit.
„Na, aus dem Matsch werden wohl keine Kekse mehr", sagt sie. „Ich helfe dir beim Aufräumen."
„Und die Kekse?", fragt Hanna.
„Ich hab noch genug vom letzten Backen", sagt Oma. Und Hanna darf gleich davon probieren.

Als die Küche endlich aufgeräumt ist, läuft Hanna in ihr Zimmer.
„Flip und Flop, wo seid ihr?", ruft sie ärgerlich.
„Hier!", ruft Flop.
„Sei doch still, du verrätst unser Versteck", schimpft Flip.
„Selber still, Ilsebill!"
„Schluss jetzt!", sagt Hanna streng. „Ich musste so lange aufräumen. Tut euch das gar nicht leid?"
„Aber wir haben doch Gutes getan!" Flip guckt Hanna fragend an. Hanna überlegt. „Ja, vielleicht", sagt sie dann. „Aber wenn der andere danach noch mehr Arbeit hat, ist was schiefgegangen. Oma sollte sich doch freuen!"
Kleinlaut sitzen Flip und Flop auf dem Bett. „Hast du noch eine Idee, wie wir Gutes tun können?" Hanna schüttelt den Kopf. „Leider nein."

Am Nachmittag gehen Mama und Hanna einkaufen. Sie brauchen noch jede Menge Essen für Weihnachten. Mamas Zettel ist wirklich lang. Sie seufzt.
„Ich schiebe den Wagen!“, ruft Hanna.
„Lieb, dass du mir hilfst“, sagt Mama.
„Wir helfen auch“, flüstert Flip Hanna ins Ohr. Und dann schiebt er den Wagen blitzschnell los. Leider kann er nicht lenken. Er fährt genau auf Mama zu und wumms! – sitzt sie im Einkaufswagen.
„Aber Hanna!“, ruft sie.
Hanna steht mit zerknirschtem Gesicht am Eingang.
Die Engel sausen durch die Gänge. Flip schiebt den Wagen, Flop schmeißt alles hinein, was auf Mamas Liste steht. In Windeseile stehen sie an der Kasse. Hanna läuft ihnen nach.

An der Kasse schimpft Hanna leise mit den Engeln. „Ihr könnt Mama doch nicht umfahren! Das ist nichts Gutes!"
„Hopsala", murmelt Mama. „Das war mal ein schnelles Einkaufen. Wie hast du das gemacht, Hanna?"
Hanna zuckt mit den Schultern. Wütend guckt sie zu Flip und Flop. Die beiden lassen die Flügel hängen. „Nächstes Mal muss es besser klappen", ermahnt Hanna sie.
Mama denkt, dass Hanna mit ihr spricht, und schüttelt den Kopf.
„Nein, das nächste Mal schiebe ich wieder und du sitzt im Wagen!"

Hanna kichert: „Genau. Und ab jetzt bin ich brav, weil morgen Heiligabend ist. Da macht man keinen Unsinn mehr!" Sie guckt die Engel streng an. Flip und Flop nicken artig.

Als Hanna am nächsten Morgen aufwacht, sieht sie als Erstes die Engel. Sie liegen neben dem Kopfkissen und schnarchen.
Dann fällt Hanna ein, dass heute Heiligabend ist. Barfuß flitzt sie ins Wohnzimmer.
Am Tisch sitzt Papa und hustet. „Diese Kartons sind aber wirklich staubig“, krächzt er.
Hanna klettert auf seinen Schoß. „Was ist denn da drin?“, fragt sie neugierig.
„Kugeln und Lametta für den Weihnachtsbaum“, erklärt Papa.
Vorsichtig öffnen sie den ersten Karton.
„Oje, die müssen alle geputzt werden“, seufzt Papa. „Hilfst du mir dabei?“
Hanna nickt eifrig. Schnell holt sie ein weiches Putztuch und poliert die erste Kugel.

Plötzlich klingelt das Telefon. Papa geht hinaus.
„Dabei können wir helfen, da geht bestimmt nix schief!“, hört Hanna eine Stimme neben ihrem Ohr. Und schon stibitzt Flop sich eine Kugel.
„Flop, du siehst aus wie die Kugel“, grinst Flip.
„Und du wie ein dürrer Lametta-Faden“, gibt Flop zurück.
„Na und? Der glitzert sowieso viel schöner!“, ruft Flip und hängt sich das Lametta über die Flügel. Stolz schreitet er auf und ab.
Hanna kichert. Da stellt Flop seinem Bruder ein Bein. Flip stolpert und purzelt vom Tisch. Er will sich an einem Karton festhalten, doch der fällt gleich mit auf den Boden. PENG! Alle Kugeln sind kaputt.
Hanna erschrickt.

Papa hat den Krach gehört und kommt ins Wohnzimmer gelaufen. „Ist dir was passiert, Hanna?“, fragt er besorgt. Hanna sieht ihn fragend an: „Mir?“ Dann fällt ihr ein, dass Papa die Engel ja gar nicht sieht. „Äh … nein … aber die Kugeln …“, stottert sie.

Papa kratzt sich nachdenklich am Kopf. „Ach“, sagt er dann, „das macht nichts. Die alten Kugeln waren gar nicht mehr schön. Und das goldene Lametta kann ich auch nicht mehr sehen. Komm, wir kaufen neuen Baumschmuck!“

Dann hebt er Hanna vorsichtig über die Scherben hinweg und fährt mit ihr zum Weihnachtsmarkt.

Später sitzt Hanna in der Wanne und grübelt. Flip und Flop hocken auf Hannas Spielzeugkrokodil und grübeln mit. „Das war wieder nichts“, sagt Hanna. „So kommt ihr nie zurück in den Himmel.“ Sie seufzt. „Ich gehe gleich mit Mama in die Kirche. Ihr könnt solange die kaputten Kugeln und das Lametta aufräumen.“
Flip und Flop nicken.
Mama hilft Hanna beim Anziehen. Hanna ist ganz zappelig. Denn heute Abend kommt das Christkind!

Als Mama und Hanna von der Kirche kommen, hüpft Papa gerade mit einem Verband auf sie zu. Oma stützt ihn.
„Wir waren im Krankenhaus“, erklärt Papa.
„Ich habe mir den Fuß verstaucht, weil ich über das Lametta gestolpert bin.“
Hanna seufzt. Diese Engel!

„Leider habe ich kein Essen gekocht und den Baum nicht geschmückt!“
„Das macht nichts“, findet Mama. „Hauptsache, es geht dir gut!“
Aber Hanna lässt traurig den Kopf hängen. Es macht nämlich schon was, wenn man an Heiligabend keinen Weihnachtsbaum hat – und kein Weihnachtsessen!

Mama öffnet die Tür. Plötzlich schnuppert sie.
„Mmh, was ist das denn? Ich denke, du hast
nicht gekocht?“
„Hab ich auch nicht“, sagt Papa.
So schnell es geht, humpelt er
in die Küche.
Mama und Hanna helfen ihm.
Auf dem Tisch stehen Salate,
auf dem Herd köchelt Suppe und
im Ofen brutzelt ein duftender
Braten.
„Mensch, riecht das lecker!“, ruft Papa.
„Und was ist mit dem Tannenbaum?“,
fragt Hanna.
Sie gehen zum Wohnzimmer und
Hanna öffnet langsam die Tür …

Vor ihnen steht ein wunderschöner Tannenbaum. Die Kugeln schimmern im Kerzenlicht. Dazwischen blitzen Hunderte kleiner weißer Federn und der ganze Baum glitzert.
„Das war dann wohl das Christkind“, sagt Papa verwundert.
„Vielleicht hatte das Christkind ja ein paar Helfer“, murmelt Hanna und sieht sich um. Draußen entdeckt sie die Engelchen.

Hanna winkt ihnen heimlich zu. Sie ist ganz sicher, dass Flip und Flop jetzt wieder in den Himmel kommen. „Fröhliche Weihnachten!“, flüstert sie.

Seht, die erste Kerze brennt

Text: Rolf Krenzer
Melodie: Paul G. Walter

1. Seht, die erste Kerze brennt.
Kommt, wir feiern den Advent!
Meine Kerze leuchtet weit
und vertreibt die Dunkelheit.
Seht, die erste Kerze brennt,
und wir feiern den Advent.

2. Zündet jetzt die zweite an!
Freut euch alle mit daran.
Mit des hellen Lichtes Schein,
zieht die Freude bei uns ein.
Seht, die zweite Kerze brennt,
und wir feiern den Advent.

3. Seht, drei Kerzen brennen schon.
Gott schickt Jesus, seinen Sohn
zu uns in die Welt hinein.
Er wird immer bei uns sein.
Seht die dritte Kerze brennt,
und wir feiern den Advent.

4. Ganz behutsam und zuletzt
zünd ich an die vierte jetzt.
Macht euch alle nun bereit:
Weihnachten ist nicht mehr weit!
Seht, die vierte Kerze brennt,
und wir feiern den Advent.

Wir sagen euch an, den lieben Advent

Text: Maria Ferschl
Melodie: Richard Rudolf Klein

1. Wir sagen euch an, den lieben Advent.
Sehet, die erste Kerze brennt!
Wir sagen euch an, eine heilige Zeit.
Machet dem Herrn die Wege bereit!
Freut euch, ihr Christen, freuet euch sehr!
Schon ist nahe der Herr!

2. Wir sagen euch an, den lieben Advent.
Sehet, die zweite Kerze brennt.
So nehmet euch eins um das andere an,
wie auch der Herr an uns getan!
Freut euch, ihr Christen …

3. Wir sagen euch an, den lieben Advent.
Sehet, die dritte Kerze brennt.
Nun tragt eurer Güte hellen Schein
weit in die dunkle Welt hinein.
Freut euch, ihr Christen …

4. Wir sagen euch an, den lieben Advent.
Sehet, die vierte Kerze brennt.
Gott selber wird kommen, er zögert nicht.
Auf, auf, ihr Herzen, und werdet licht.
Freut euch, ihr Christen …

Schneeflöckchen, Weißröckchen

Volkslied

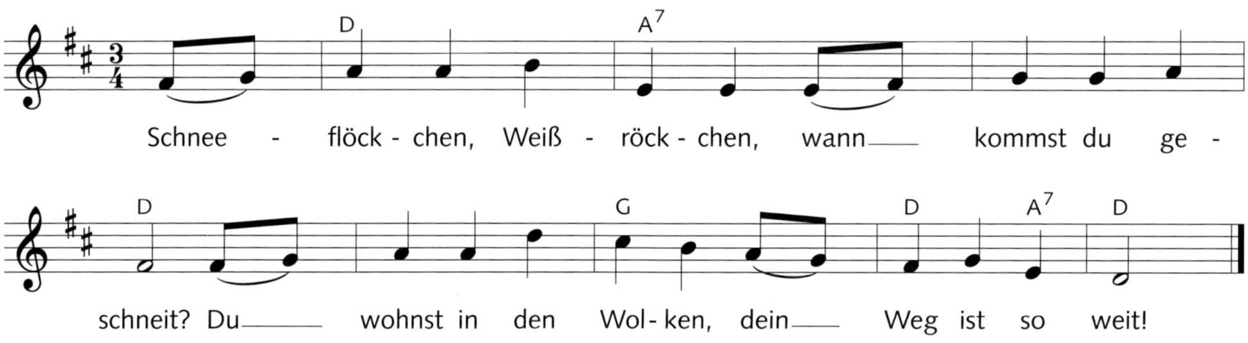

1. Schneeflöckchen, Weißröckchen,
wann kommst du geschneit?
Du wohnst in den Wolken,
dein Weg ist so weit!

2. Komm, setz dich ans Fenster,
du lieblicher Stern,
malst Blumen und Blätter,
wir haben dich gern.

3. Schneeflöckchen, du deckst uns
die Blümelein zu,
dann schlafen sie sicher
in himmlischer Ruh.

4. Schneeflöckchen, Weißröckchen,
komm zu uns ins Tal,
dann baun wir den Schneemann
und werfen den Ball.

Leise rieselt der Schnee

Text und Melodie: Eduard Ebel

1. Leise rieselt der Schnee,
still und starr ruht der See,
weihnachtlich glänzet der Wald:
Freue dich, Christkind kommt bald!

2. In dem Herzen ist's warm,
still schweigt Kummer und Harm,
Sorge des Lebens verhallt:
Freue dich, Christkind kommt bald!

3. Bald ist Heilige Nacht,
Chor der Engel erwacht,
hört nur, wie lieblich es schallt:
Freue dich, Christkind kommt bald!

Frau Holle

Es waren einmal zwei Schwestern.

Die eine war fröhlich und fleißig.

Die andere war mürrisch und faul.

Eines Tages saß die Fleißige am Brunnen und spann.

Da fiel ihr die Spindel in den Brunnen.

Beherzt sprang sie hinterher, um sich die Spindel wiederzuholen.

Aber wie staunte das Mädchen: Da war es plötzlich auf einer schönen Blumenwiese. Und mittendrin stand ein Baum, der rief: „Ach, schüttel mich! Meine Äpfel sind reif!“ Das Mädchen schüttelte alle Äpfel vom Baum und legte sie im Gras auf einen Haufen.

Nicht weit davon stand ein kleines Haus. Da guckte eine alte Frau aus dem Fenster und sagte: „Ich bin die Frau Holle. Du kannst bei mir bleiben, liebes Kind, und mir helfen. Vor allem musst du mein Bett machen und die Kissen aufschütteln, dass die Federn fliegen. Denn dann schneit es in der Welt.“

Lange Zeit half das Mädchen der Frau Holle fleißig bei der Arbeit. Aber eines Tages wollte es wieder nach Hause.

Frau Holle führte es zu einem großen Tor. Da fiel ein dichter Goldregen auf das Mädchen herab und alles Gold blieb an ihm hängen. „Das ist der Dank für deine Arbeit“, sagte Frau Holle und schloss das Tor hinter dem Mädchen.

Als das Mädchen zu Hause alles erzählt hatte, wollte die Schwester auf der Stelle auch zu Frau Holle.

Sie warf ihre Spindel in den Brunnen und sprang hinterher. Die faule Schwester hatte aber keine Lust, der Frau Holle im Haus zu helfen und ihr die Kissen aufzuschütteln.

Bald schon führte Frau Holle das Mädchen unter das große Tor. Da wurde statt des Goldes ein Kessel voll Pech über dem Mädchen ausgeschüttet. „Das ist der Lohn für deine Arbeit“, sagte Frau Holle und schloss das Tor hinter dem Mädchen. Das Pech aber blieb an ihr haften bis ans Ende ihrer Tage.

Wenn es Winter wird

Von Christian Morgenstern

Der See hat eine Haut bekommen,
sodass man fast drauf gehen kann,
und kommt ein großer Fisch geschwommen,
so stößt er mit der Nase an.

Und nimmst du einen Kieselstein
und wirfst in drauf, so macht es klirr
und titscher – titscher – titscher – dir …
Heißa, du lustiger Kieselstein!
Er zwitschert wie ein Vöglein
und tut als wie ein Schwälblein fliegen –
doch endlich bleibt mein Kieselstein
ganz weit, ganz weit auf dem See draußen liegen.

Da kommen die Fische haufenweis
und schaun durch das klare Fenster von Eis
und denken, der Stein wär etwas zum Essen;
doch sosehr sie die Nase ans Eis auch pressen,
das Eis ist zu dick, das Eis ist zu alt,
sie machen sich nur die Nasen kalt.

Aber bald, aber bald
werden wir selbst auf eigenen Sohlen
hinausgehen können und den Stein wiederholen.

Schneeflocken

Volksgut

Es schneit, hurra, es schneit!
Schneeflocken weit und breit!
Ein lustiges Gewimmel
kommt aus dem grauen Himmel.

Was ist das für ein Leben!
Sie tanzen und sie schweben.
Sie jagen sich und fliegen,
der Wind bläst vor Vergnügen.

Und nach der langen Reise,
da setzen sie sich leise
aufs Dach und auf die Straße
und frech dir auf die Nase.

Bist du der Weihnachtsmann?

Was war das doch für ein schöner Tag voller Schnee!
Und wie schön und groß die Schneemänner geworden sind!
Aber jetzt war der kleine Bär müde – vielleicht vom vielen Schneemannbauen, vielleicht auch, weil er mit Mama dieses Jahr den Winterschlaf verschieben durfte. Jetzt freute er sich auf jeden Fall auf zu Hause.
Als er durch den Wald stapfte, hörte Berti eine Stimme von oben.
„Harr-harr“, krächzte der Rabe. „Von oben siehst du ein bisschen aus wie der Weihnachtsmann, mit deiner roten Mütze!“
„Wirklich?“, fragte Berti.
„Wirklich!“, sagte der Rabe. „Fast wie echt! Und überhaupt, wo doch morgen Weihnachtsabend ist!“

Ich sehe aus wie der Weihnachtsmann,
dachte der kleine Bär, das ist ja toll.
Und als er bei der Eiche vorbeikam, wo die Waldmäuse
im Wurzelheim wohnten, blieb er stehen.
„Schaut alle her, ihr Mäuse!“, rief der kleine Bär übermütig
und zeigte seine rote Mütze.
„Schaut her, ich bin der Weihnachtsmann!“

„Bist du nicht!“, riefen die Mäuse. Sie guckten aus den Fenstern. „Du bist bloß Berti. Der Weihnachtsmann hat einen langen weißen Bart!“
„Und einen roten Mantel hat der Weihnachtsmann auch“, piepste noch eine Maus.
„Und er spricht mit einer tiefen Stimme“, schimpfte Papa Maus. „Du bist doch bloß der kleine Bär und ein Schwindler noch dazu!“
Da war Berti beleidigt. „Niemand nennt mich einen Schwindler!“, brummte er und lief schnell nach Hause. „Na, denen werde ich’s zeigen!“

Daheim stand Mama Bär vor dem Herd.
„Dauert noch eine Weile bis es Abendessen gibt“, sagte sie.
Da war Berti froh. Er hatte nämlich einen Plan.

Heimlich schlüpfte er
in Mamas roten Mantel.

Heimlich band er sich aus
Watte einen weißen Bart um.

Und heimlich lief er aus
dem Haus, durchs Bärental
hinauf zu den Mäusen.

Und als er vor der Eichenwurzel stand, rief Berti mit
tiefer Stimme: „Klingeling, schaut alle her! Hier bin ich!“
Da steckten die Mäuse ihre Köpfe aus der Tür
und dem Fenster.
„Nein, so etwas!“, piepsten sie voller Freude.
„Bist du wirklich der Weihnachtsmann?“
„Aber klar!“, brummte der kleine Bär.
„Hurra!“, riefen da die Mäuse. „Da ist der Weihnachtsmann!
Dürfen wir uns auch etwas wünschen?“
„Alles dürft ihr euch wünschen“, versprach Berti.
„Alles, was ihr wollt!“
Da tanzten und pfiffen die Mäuse vor Freude.
Dann wurden sie still. Mama Maus steckte
den Kopf heraus, nahm einen Zettel
in die Pfoten und las vor:

„Lieber Weihnachtsmann!
Unser kleiner Mausi ist so krank. Wir alle wünschen uns zu Weihnachten überhaupt gar nichts. Nur das eine wünschen wir uns, dass unser kleiner Mausi wieder gesund wird!
Deine braven Mäuse von der Eichenwurzel.
Und bitte, bitte, bitte nicht vergessen!"

Mama Maus drückte Berti den Zettel in die Hand und machte die Tür zu.

Berti hörte noch eine Weile zu, wie die Mäuse vor Freude pfiffen und sangen.

„Oh, oh!“, sagte der Rabe hoch auf dem Ast.
„Mein lieber Weihnachtsberti. Jetzt musst du den armen kleinen Mausi aber auch wirklich gesund machen!“
„Wieso denn ich?“, murmelte Berti.
„Versprochen ist versprochen!“, sagte der Rabe.
„Na und?“, rief Berti. „Selber schuld, wenn die Mäuse glauben, dass ich der Weihnachtsmann bin!“
Und dann lief er nach Hause.

Heimlich schlüpfte er zur Tür herein, heimlich zupfte er seinen weißen Bart ab und heimlich zog er den roten Mantel aus.
Mama Bär kochte und rührte immer noch.
Berti aber dachte nach.
Er dachte nach über den armen, kleinen Mausi, der krank in seinem Bettchen lag. Sein Herz wurde schwer. Mausi brauchte Medizin! Aber woher sollte die Medizin kommen?

Mit einem Satz sprang Berti auf
und lief in die Speisekammer.
Er holte die Wurzeln und Kräuter
und Blätter aus dem Schrank.
„So macht es Mama Bär auch,
wenn ich Bauchschmerzen habe“,
murmelte er. „Und das wird Medizin für Mausi!“
Er zerstampfte die Wurzeln und zerpflückte die Blätter
und lief damit in die Küche.
„Bitte, heißes Wasser!“, rief er.
Mama Bär schaute ihn verwundert an. „Was ist denn das?“, fragte sie.
„Medizin“, jammerte Berti. „Ich habe sooo Bauchschmerzen!“
„Armer Berti“, sagte Mama Bär. „Lass mal. Das müssen wir
schon richtig machen!“
Tapfer nahm Berti einen Schluck vom bitteren Tee.
„Und jetzt leg dich ein Weilchen hin“, sagte Mama Bär.
„Gleich ist alles wieder gut!“

Aber Berti legte sich nicht hin. Leise schlüpfte er wieder aus dem Haus, und mit der Tasse in der Hand lief er zu den Mäusen. Der Rabe saß immer noch auf seinem Ast. „Nicht verschütten!", krächzte er. „Was hast du denn da?"
„Medizin für Mausi!", rief Berti und lief weiter zum Wurzelheim. Schnell stellte er die Tasse vor die Tür, ganz schnell klopfte er und ganz, ganz schnell lief er wieder weg.
„Und du glaubst, das hilft dem kranken Mausi?", fragte der Rabe.
„Hoffentlich!", sagte Berti. „Hoffentlich! Ich wünsche mir doch so sehr, dass Mausi gesund wird! Sonst wünsche ich mir gar nichts vom Weihnachtsmann. Keinen Schlitten, auch kein Kuschelschweinchen und auch keine Bauklötze! Nur das eine wünsche ich mir, dass der kleine Mausi wieder gesund wird!"
Der Rabe legte den Kopf schief und guckte Berti lange an.
„Und – hast du das dem Weihnachtsmann schon gesagt?"
„Noch nicht!", rief Berti.
„Dann aber los!", krächzte der Rabe. „Wir brauchen einen neuen Wunschzettel. Den bringe ich gleich beim Weihnachtsmann vorbei. Und dann erzähle ich ihm die Geschichte von Berti, dem Weihnachtsbären. Hörst du mich?"

Doch Berti war schon losgelaufen, um einen neuen
Wunschzettel zu malen.
Keinen Schlitten! Kein Kuschelschweinchen! Keine Bauklötze!
Nur einen gesunden Mausi!
Er legte den Wunschzettel auf das Fensterbrett. Er sah noch,
wie der Rabe den Wunschzettel packte und damit fortflog.
Da kam schon Mama und fragte: „Na, Berti, geht es dir besser?"
„Viel besser!", rief Berti. „Und ganz hungrig bin ich auch!"

Am nächsten Tag war Weihnachtsabend. Berti war schon ganz aufgeregt. In der Bärenhütte duftete es herrlich nach Schokoherzen und Honigkuchen.
Dann machte das Glöcklein endlich klingeling, der Weihnachtsbaum strahlte und Mama Bär sagte: „Was ist los mit dir, Berti? Freust du dich denn gar nicht über das Kuschelschweinchen, die Bauklötze und den neuen Schlitten?"
„Doch", murmelte Berti und überlegte kurz.
Dann rief er: „Darf ich gleich mit dem Schlitten fahren? Bitte, bitte, komm mit, der Mond scheint doch so hell!"
„Also schön", sagte Mama Bär.

So stapften sie durchs Bärental den Wald hinauf.
Und als sie zum Wurzelheim kamen,
blieb Berti stehen und lauschte.
Und was war da zu sehen?
Heller Lichterschein drang aus den Fenstern.
Und was war zu hören?
Fröhliche Stimmen waren zu hören und ein Singen
und ein Klingen und alle Mäuse piepsten:
„Unser Mausi ist wieder gesund.
Der Weihnachtsmann hat unseren Mausi
wieder gesund gemacht!“

Lasst uns froh und munter sein

Text und Melodie: Volkslied aus dem Hunsrück

1. Lasst uns froh und munter sein
und uns recht von Herzen freun!
Lustig, lustig, tra-la-la-la-la,
bald ist Niklausabend da,
bald ist Niklausabend da.

2. Dann stell ich den Teller auf,
Niklaus legt gewiss was drauf.
Lustig …

3. Wenn ich schlaf dann träume ich:
Jetzt bringt Niklaus was für mich,
Lustig …

4. Wenn ich aufgestanden bin,
lauf ich schnell zum Teller hin.
Lustig …

5. Niklaus ist ein guter Mann,
dem man nicht g'nug danken kann.
Lustig …

Kling, Glöckchen

Text und Melodie: Volkslied

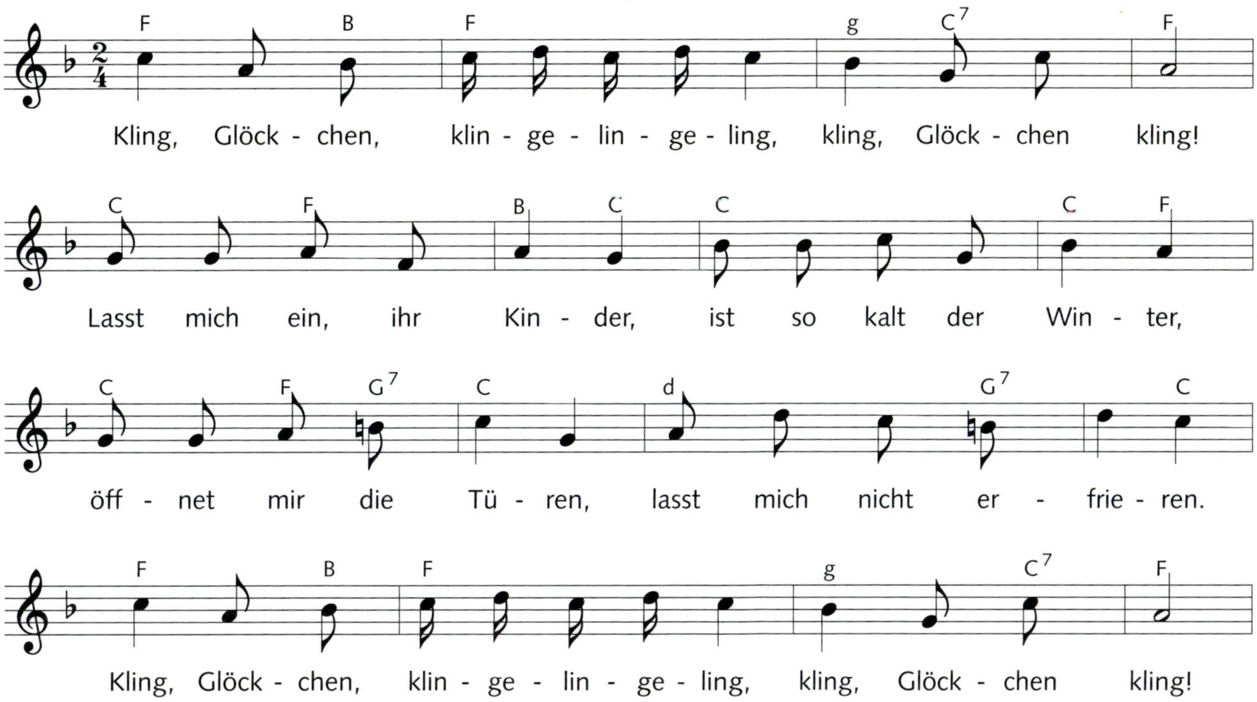

1. Kling, Glöckchen, klingelingeling,
kling, Glöckchen, kling!
Lasst mich ein, ihr Kinder,
ist so kalt der Winter,
öffnet mir die Türen,
lasst mich nicht erfrieren.
Kling, Glöckchen, klingelingeling,
kling, Glöckchen, kling!

2. Kling, Glöckchen, klingelingeling,
kling, Glöckchen, kling!
Mädchen, hört, und Bübchen,
macht mir auf das Stübchen,
bring euch viele Gaben,
sollt euch dran erlaben.
Kling, Glöckchen …

3. Kling, Glöckchen, klingelingeling,
kling, Glöckchen, kling!
Hell erglühn die Kerzen;
öffnet mir die Herzen,
will drin wohnen fröhlich,
frommes Kind, wie selig.
Kling, Glöckchen …

Knecht Ruprecht

Von Theodor Storm

Von drauß' vom Walde komm' ich her;
Ich muss euch sagen, es weihnachtet sehr!
All überall auf den Tannenspitzen
Sah ich goldene Lichtlein sitzen;
Und droben aus dem Himmelstor
Sah mit großen Augen das Christkind hervor.
Und wie ich so strolcht' durch den finstern Tann,
Da rief's mich mit heller Stimme an:
„Knecht Ruprecht", rief es, „alter Gesell,
Hebe die Beine und spute dich schnell!
Die Kerzen fangen zu brennen an,
Das Himmelstor ist aufgetan,
Alt und Junge sollen nun
Von der Jagd des Lebens einmal ruhn;
Und morgen flieg ich hinab zur Erden;
Denn es soll wieder Weihnachten werden!"

Ich sprach: „Oh lieber Herre Christ,
Meine Reise fast zu Ende ist;
Ich soll nur noch in diese Stadt,
Wo's eitel gute Kinder hat."
„Hast denn das Säcklein auch bei dir?"
Ich sprach: „Das Säcklein, das ist hier;
Denn Äpfel, Nuss und Mandelkern
Essen fromme Kinder gern."
„Hast denn die Rute auch bei dir?"
Ich sprach: „Die Rute, die ist hier;
Doch für die Kinder nur, die schlechten,
Die trifft sie auf den Teil, den rechten."
Christkindlein sprach: „So ist es recht;
So geh mit Gott, mein treuer Knecht!"
Von drauß' vom Walde komm ich her;
Ich muss euch sagen, es weihnachtet sehr!
Nun sprecht, wie ich's hierinnen find'!
Sind's gute Kind', sind's böse Kind'?

Sankt Nikolaus ist hier

Text und Melodie: Volkslied aus England
Deutsche Fassung: Erno Seifriz

1. Ich hör ihn, ich hör ihn,
   ich hör ihn vor dem Haus.
   Er spannt schon, er spannt schon,
   er spannt den Schlitten aus.
   Und mit Klingelingeling
   und mit Schnauf-schnauf-schnauf
   und mit Polter-polter-polter
   schon die Treppe rauf.
   Ich hör ihn, ich hör ihn,
   ich hör ihn vor dem Haus!

2. Ich seh ihn, ich seh ihn,
   ich seh ihn klar vor mir.
   Da steht er, da steht er,
   Sankt Nikolaus ist hier.
   Und mit Klingelingeling
   und mit Schnauf-schnauf-schnauf
   und mit Polter-polter-polter
   leert den Sack er aus.
   Ich seh ihn, ich seh ihn,
   Sankt Nikolaus ist hier.

Guten Abend, Nikolaus

Text: Rolf Krenzer
Melodie: Inge Lotz

1. Guten Abend, Nikolaus,
schütte deinen Sack hier aus.
Hast du auch an mich gedacht
und mir etwas mitgebracht?

2. Danke schön, ja, danke schön!
Nikolaus, kannst weitergehn.
Alle Kinder freuen sich.
Alle warten schon auf dich.

Wo geht's denn hier nach Weihnachten?

Es ist Winter am Seerosenteich.
Der Teich ist zugefroren und
ringsherum liegt glitzernder Schnee.
Fridolin und seine Freunde
fahren Schlittschuh, nur Helmut
hält ein Schläfchen in seinem Panzer.

„Platz da!“, ruft Fridolin und saust durch die Schilfstängel.
Helmuts Panzer dreht sich wie ein Wasserstrudel.
„Sei doch vorsichtig!“, schimpft er.
Auch Lilly dreht Pirouetten.
„Passt auf! Wer weiß, ob das Eis überall hält“, warnt Manfred.
Mit der Lupe untersucht er, wie dick das Eis ist.
„Es ist alles gefroren“, weiß Emmi. „Ich kann nämlich nirgends mehr baden, um meine Federn hübsch zu machen“, seufzt sie.
„Aber Emmi“, tröstet Fridolin, „du bist doch immer hübsch!“
Da wird Emmi vor Freude ganz rot.

Plötzlich macht es BUMM und das Eis wackelt kurz.
„Hilfe, ein Erdbeben!“, ruft Helmut.
„Ach quak!“, sagt Fridolin. Er klettert ein Schilfrohr hoch.
„Was siehst du?“, fragt Lilly neugierig.
„Zwei Männer haben eine Tanne gefällt. Und daneben liegen noch viel mehr Tannen“, erzählt Fridolin.
„Sie fällen Tannen?“, wundert sich Manfred. „Warum? Die ollen Nadeln kann man doch gar nicht essen.“
„Jetzt schleppen sie die Tannen auf einen Laster“, ruft Fridolin.
„Seid mal still!“ Fridolin lauscht. „Sie sagen, bis Weihnachten sei es nicht mehr weit.“
„Nicht weit? Sie bringen die Tannen nach ... wohin, Fridolin?“, fragt Lilly.
„Nach Weihnachten“, sagt Fridolin achselzuckend.
„Ich weiß auch nicht, wo das ist.“

Alle wollen herausfinden, wo Weihnachten ist.
„Kommt, wir schleichen uns auf den Laster!“, flüstert Fridolin.
Heimlich klettern die Freunde hinauf und verstecken sich
in einem leeren Sack.
Dann rumpelt der Laster los. Weil es draußen schon dunkel ist,
sieht keiner, wohin die Reise geht.
„Ob Weihnachten ein unheimlicher Ort ist?“,
überlegt Helmut ängstlich.
„Ach nein“, meint Fridolin „dazu ist das Wort viel zu schön.
Hör doch: Weih-nach-ten!“
„Ich finde, das klingt sehr gemütlich. Ich bin gespannt,
wo Weihnachten ist“, ruft Lilly.
„Hauptsache, in Weihnachten ist es wärmer als in diesem Sack!“,
brummt Helmut bibbernd.
Da bremst der Laster plötzlich.

Neugierig kriechen alle aus dem Sack.
„Wo sind wir denn hier gelandet?“, ruft Emmi aufgeregt.
„Och, das ist ja nur der Bauernhof. Das kann nicht Weihnachten sein!“, meint Fridolin enttäuscht.
Die Freunde klettern vom Laster.
„Oh, wie das duftet!“ Manfred schnuppert.
„Und wie das glitzert!“, flüstert Lilly. Auf dem Hof stehen hell erleuchtete Marktstände.
„Seht mal, dafür brauchen sie die Tannen“, sagt Fridolin und zeigt nach oben. Sie stehen vor einem geschmückten, funkelnden Tannenbaum. Helmut reckt den Kopf so weit nach hinten, dass er umkippt. „Lasst uns nach Hause gehen“, murmelt er, als Fridolin ihm hochhilft. „Ich find’s hier unheimlich!“
„Aber erst will ich herausfinden, wo Weihnachten nun wirklich ist“, sagt Fridolin.

Die Freunde sehen sich staunend um. Aus den Hütten kommt Musik und überall schimmert Kerzenlicht.
„Ist das schön", wispert Emmi. „Seht mal, die goldenen Glitzerkugeln!"
„Und hier, die silbernen Fäden!", ruft Lilly entzückt.
Manfred bewundert die Schokokringel und Helmut sieht sehnsüchtig zu den warmen Wollsachen hinauf. Lilly will gleich alles einsammeln, aber Fridolin hält sie fest.
„Wir müssen zusammenbleiben!", sagt Fridolin.
„Können wir nichts mitnehmen?", fragt Lilly enttäuscht.
„Nein, sonst verlieren wir uns noch, das ist zu gefährlich!", warnt Fridolin.
Plötzlich brummt eine tiefe Stimme: „Klettert auf meinen Rücken. Ich bringe euch in Sicherheit!"

Der alte Hofhund nimmt die Freunde mit zu seiner Hütte.
„Ihr wart wohl noch nicht oft hier?“, fragt er.
„Nein“, erklärt Fridolin. „Wir wollten herausfinden, wo Weihnachten ist. So sind wir hier gelandet. Ist hier Weihnachten?“
Der Hund bellt erstaunt: „Sagt bloß, ihr kennt Weihnachten nicht?“
„Du etwa?“, fragt Fridolin.
Der Hofhund nickt. „Weihnachten ist doch kein Ort, sondern ein Fest. Die Menschen feiern mit Freunden und dann kommt der Weihnachtsmann. Er bringt allen Geschenke.“
„Geschenke? Gibt’s denn auch was zu essen?“, fragt Manfred, dem der Magen knurrt.
„Du hast Hunger?“, lacht der Hofhund. „Hier, ich habe Kekse stibitzt. Wollt ihr probieren?“
Sofort stürzen sich alle auf die Naschereien.
„Jetzt müssen wir aber nach Hause“, meint Helmut.
„Ich bringe euch hin“, sagt der Hofhund und trägt alle auf seinem Rücken zum Teich.

22

Weil der Tag so aufregend war, übernachten alle bei Fridolin.
Als Fridolin die letzte Kerze ausgepustet hat, ist es still.
Dann flüstert Lilly: „Der Baum war wunderschön, oder?
So einen hätte ich auch gern."
„Ja", wispert Helmut. „Nur nicht so groß."
„Was für Geschenke der Weihnachtsmann wohl bringt?",
überlegt Emmi. „Fridolin, meinst du, der kommt auch zu uns?"
Niemand antwortet. Dann schnarcht jemand.
„Ist das Fridolin?", fragt Emmi kichernd.
„Nein, das ist Manfred", antwortet Fridolin. „Ich weiß nicht,
ob der Weihnachtsmann zu uns kommt. Ich denke darüber nach.
Aber jetzt bin ich müde. Schlaft alle gut!"
„Du auch", flüstert Emmi.
Dann hört man nur noch Manfreds Schnarchen.

„Aufwachen! Wir gehen in den Wald!“, ruft Fridolin am nächsten Morgen.
„Ohne Frühstück?“, brummt Manfred empört.
Fridolin lacht. „Ich habe eine Überraschung. Frühstücken kannst du später!“
Kurz darauf stapfen alle durch den Schnee.
„Ist es noch weit?“, fragt Helmut, der immer so schnell kalte Füße bekommt.
Da bleibt Fridolin vor einer Tanne stehen.
„Das ist er!“, sagt er.
„Ist was?“, fragt Emmi.
„Unser Weihnachtsbaum!“, erklärt Fridolin. „Ich habe über den Weihnachtsmann nachgedacht. Und ich bin sicher, wenn wir einen Weihnachtsbaum haben, weiß er, dass wir auch Weihnachten feiern. Dann bringt er vielleicht Geschenke!“
„Hui, wir kriegen einen Weihnachtsbaum!“ Lilly quietscht vor Freude.

Zum Glück hat Manfred wieder seinen großen Rucksack dabei. „Hier, ich habe zwei Schaufeln“, sagt er. Sofort graben sie los. Fridolin und Lilly mit der Schaufel, Manfred mit seinen Pfoten. „Der hat genau die richtige Größe“, findet Helmut. „Aber wie kriegen wir ihn zu dir, Fridolin?“

„Ich binde ihn auf den Schlitten“, sagt Fridolin.
„Gebt mir doch mal eure Schals!“
Flink bindet er den Baum fest.
„Oje, mein schönes Halstuch“, jammert Emmi.
„Aber für einen hübschen Weihnachtsbaum
opfere ich es gern!“
Auf dem Rückweg müssen alle mitschieben.
Schon bald sind sie zu Hause.

„Dieses Loch habe ich heute Morgen gegraben", sagt Fridolin.
„Du warst aber fleißig!", staunt Helmut. „Jetzt bin ich dran!"
Er stellt sich unter die Tanne und stemmt sie hoch. Schon rutscht der Baum ins Loch. Lilly holt ihre gesammelten Glitzerschätze und hängt sie an die Zweige. Fridolin bringt Kerzen.
„Ich habe auch was", brummt Manfred und hängt seine Lupen auf. Sofort spiegelt sich die Sonne darin und es funkelt und blitzt. Emmi bringt ihre schimmernden Perlenketten und Helmut hat sogar einen Schal mit Goldmuster dabei.
Staunend stehen die Freunde um den Baum.
„Hui, wie das glitzert!", ruft Lilly. „Da muss der Weihnachtsmann uns doch finden!"

Als die Freunde am nächsten Morgen aufwachen,
ist Fridolin verschwunden.
„Wo ist er hin?“, fragt Emmi.
Lilly zuckt mit den Schultern. „Weiß nicht. Was machen wir jetzt?
Heute ist doch dieses Weihnachten.“
Emmi strahlt: „Ich weiß! Heute bereiten wir Fridolin
als Überraschung ein richtiges Weihnachtsfest!“
Alle sind begeistert. Lilly saust in ihre Küche und backt Kuchen.
Helmut kocht die leckersten Dinge.

Emmi deckt und schmückt den Tisch.
Und Manfred?
Manfred ist hinters Haus gegangen.
Er bereitet eine besondere
Überraschung vor, die sie sich gemeinsam
für Fridolin ausgedacht haben.
Als der Tisch gedeckt ist, stehen Lilly,
Emmi und Helmut stolz davor.
„Das haben wir aber gut gemacht!“,
lobt Emmi. „Jetzt fehlt nur noch Fridolin.“

„Da ist Fridolin!", ruft Lilly aufgeregt und flitzt ihm entgegen. Als Fridolin den geschmückten Tisch und das duftende Essen sieht, hüpft er vor Freude in die Luft.
„Das ist aber schön!", staunt er. „Ich habe auch etwas für euch. Aber jetzt probieren wir erst diese tollen Sachen."
Schon sitzen alle am Tisch und knabbern und schmatzen fröhlich.
Nur Lilly zappelt herum. „Fridolin, was ist denn da unter der Decke?", fragt sie, als sie es nicht mehr aushalten kann.
Fridolin lacht.
Dann nimmt er die Decke vom Schlitten. Darunter liegen viele bunt verpackte Geschenke.

„Ich war noch mal auf dem Bauernhof“, erklärt Fridolin, „weil euch dort so viel gefallen hat.“ Dann verteilt er seine Geschenke. Lilly bekommt silbernes Lametta und Emmi staunt über ihre goldene Kugel. Helmut kuschelt sich in den warmen Handschuh. Und Manfred …
„Wo ist Manfred?“, fragt Fridolin.
Die Freunde kichern. Dann rufen sie: „Manfred!“

„Hier bin ich!", ruft Manfred und stapft zu ihnen. „Habt ihr etwa schon gegessen?" Schnell setzt er sich und futtert los.
„Wo warst du?", fragt Fridolin.
Die Freunde stoßen sich lachend an.
„Fridolin, wir haben auch was für dich", platzt Lilly heraus.
„Was denn?", fragt Fridolin neugierig.

Aber Manfred will erst seinen Schokokringel verputzen.
Dann nehmen sie Fridolin an die Hand
und führen ihn hinters Haus.

„Ein Schneehaus für dich, Fridolin!“, jubelt Emmi.
„Ein Iglu für mich?“, staunt er und hüpft um das Iglu herum.
„Toll, das ist so groß – da passen wir alle hinein!“
Lilly saust in das Iglu. Gleich darauf tönt es dumpf „Hui!“ und Lilly kommt wieder heraus. „Sind die Geschenke von dir, Manfred?“
„Welche Geschenke?“, fragt Manfred verblüfft. Im Iglu liegen viele bunte Päckchen. Dann entdeckt er Schlittenspuren im Schnee.
„Guckt mal!“, ruft er aufgeregt. „Das war jemand anders!“
„Der Weihnachtsmann“, vermutet Fridolin und lächelt. „Wer hätte das gedacht!“
Dann krabbeln alle in das Iglu und feiern weiter.
Als sie müde sind, kuscheln sie sich in dem Schneehaus ganz eng zusammen.
„Was für ein schönes Weihnachten“, seufzt Fridolin glücklich.

Holler, boller, Rumpelsack

Von Albert Sergel

Holler, boller, Rumpelsack,
Niklas trug sie huckepack.
Weihnachtsnüsse gelb und braun,
runzlig, punzlig anzuschaun.

Knackt die Schale,
springt der Kern,
Weihnachtsnüsse ess' ich gern.
Komm bald wieder in dies' Haus,
alter, guter Nikolaus.

Vom Christkind

Von Anna Ritter

Denkt euch,
ich habe das Christkind gesehen!
Es kam aus dem Walde, das Mützchen voll Schnee,
mit rot gefrorenem Näschen.
Die kleinen Hände taten ihm weh;
denn es trug einen Sack, der war gar schwer,
schleppte und polterte hinter ihm her –
was drin war, möchtet ihr wissen?
Ihr Naseweis, ihr Schelmenpack –
meint ihr, er wäre offen der Sack?
Zugebunden bis oben hin!
Doch war gewiss was Schönes drin:
Es roch so nach Äpfeln und Nüssen!

Der Traum

Von Hoffmann von Fallersleben

Ich lag und schlief; da träumte mir
ein wunderschöner Traum:
Es stand auf unserm Tisch vor mir
ein hoher Weihnachtsbaum.

Und bunte Lichter ohne Zahl,
die brannten ringsumher;
die Zweige waren allzumal
von goldnen Äpfeln schwer.

Und Zuckerpuppen hingen dran;
das war mal eine Pracht!
Da gab's, was ich nur wünschen kann
und was mir Freude macht.

Und als ich nach dem Baume sah
und ganz verwundert stand,
nach einem Apfel griff ich da,
und alles, alles schwand.

Da wacht' ich auf aus meinem Traum,
und dunkel war's um mich.
Du lieber, schöner Weihnachtsbaum,
sag an, wo find' ich dich?

Da war es just, als rief er mir:
„Du darfst nur artig sein;
dann steh' ich wiederum vor dir;
jetzt aber schlaf nur ein!

Und wenn du folgst und artig bist,
dann ist erfüllt dein Traum,
dann bringet dir der Heil'ge Christ
den schönsten Weihnachtsbaum.

Weihnachten

Von Joseph von Eichendorff

Markt und Straßen stehn verlassen,
still erleuchtet jedes Haus,
sinnend geh ich durch die Gassen,
alles sieht so festlich aus.

An den Fenstern haben Frauen
buntes Spielzeug fromm geschmückt,
tausend Kindlein stehn und schauen,
sind so wunderstill beglückt.

Und ich wandre aus den Mauern
bis hinaus ins freie Feld,
hehres Glänzen, heilges Schauern!
Wie so weit und still die Welt!

Sterne hoch die Kreise schlingen,
aus des Schnees Einsamkeit
steigt's wie wunderbares Singen –
oh du gnadenreiche Zeit!

Es ist ein Ros entsprungen

Text: 1. und 2. Strophe M. Praetorius,
3. und 4. Strophe F. Layriz
Melodie: Speierisches Gesangbuch, Köln

1. Es ist ein Ros entsprungen
aus einer Wurzel zart,
wie uns die Alten sungen,
von Jesse kam die Art.
Und hat ein Blümlein bracht,
mitten im kalten Winter
wohl zu der halben Nacht.

2. Das Blümlein, das ich meine,
davon Jesaia sagt,
hat uns gebracht alleine
Marie, die reine Magd.
Aus Gottes ew'gem Rat
hat sie ein Kind geboren
wohl zu der halben Nacht.

3. Das Blümelein, das kleine,
das duftet uns so süß;
mit seinem hellen Scheine,
vertreibt's die Finsternis,
wahr Mensch und wahrer Gott,
hilft uns aus allem Leide,
rettet von Sünd und Tod.

4. Oh Jesus, bis zum Scheiden
aus diesem Jammertal,
lass uns dein Hilf geleiten
hin bis zum Freudensaal,
in deines Vaters Reich,
da wir dich ewig loben;
oh Gott uns das verleih!

Macht hoch die Tür

Text: Georg Weißel
Melodie: Gesangbuch J. A. Freylinghausen

1. Macht hoch die Tür, die Tor macht weit,
es kommt der Herr der Herrlichkeit,
ein König aller Königreich,
ein Heiland aller Welt zugleich,
der Heil und Leben mit sich bringt;
derhalben jauchzt, mit Freuden singt:
Gelobet sei mein Gott,
mein Schöpfer reich von Rat.

2. Er ist gerecht, ein Helfer wert;
Sanftmütigkeit ist sein Gefährt,
sein Königskron ist Heiligkeit,
sein Zepter ist Barmherzigkeit;
all unser Not zum End er bringt,
derhalben jauchzt, mit Freuden singt:
Gelobet sei mein Gott,
mein Heiland groß von Tat.

3. Komm, oh mein Heiland Jesu Christ,
mein's Herzens Tür dir offen ist;
ach zeuch mit deiner Gnaden ein,
dein Freundlichkeit auch uns erschein.
Dein heil'ger Geist uns führ und leit
den Weg zur ew'gen Seligkeit.
Dem Namen dein, oh Herr,
sei ewig Preis und Ehr.

Stille Nacht, heilige Nacht

Text und Melodie: Franz Gruber

1. Stille Nacht, heilige Nacht!
Alles schläft, einsam wacht
nur das traute hochheilige Paar,
holder Knabe in lockigem Haar,
schlaf in himmlischer Ruh,
schlaf in himmlischer Ruh!

2. Stille Nacht, heilige Nacht!
Hirten erst kundgemacht;
durch der Engel Halleluja
tönt es laut von fern und nah:
Christ, der Retter ist da,
Christ, der Retter ist da!

3. Stille Nacht, heilige Nacht!
Gottes Sohn, oh wie lacht
Lieb aus deinem göttlichen Mund,
da uns schlägt die rettende Stund,
Christ, in deiner Geburt,
Christ, in deiner Geburt!

Die Weihnachtsgeschichte

Vor langer, langer Zeit lebte in Rom ein Kaiser. Er hieß Augustus und sein Reich war riesengroß. Wo die Sonne aufging, gab es Felsengebirge und Wüsten, wo sie unterging, waren Schneeberge und grüne Täler. Dazwischen – von einem Ende zum anderen – lag das Meer. Es gab Städte und Dörfer in diesem

Reich mit Steinhäusern und Lehmhütten, mit Palästen und Zelten. Darin lebten Bauern und Fischer, Schuster und Schneider, Baumeister und Zimmerleute, Kaufleute und Hirten, Reiche und Arme wie überall – und natürlich Beamte. Denn alles in diesem Reich musste ja seine Ordnung haben.

Und weil alles seine Ordnung haben musste, wollte der Kaiser eines Tages wissen, wie viele Menschen in seinem Reich lebten. Seine Beamten sollten sie zählen und ihre Namen aufschreiben. Überall im Reich gingen die Türen auf in Häusern und Lehmhütten, die Portale wurden geöffnet, die Felle an den Zelten zurückgeschlagen und Männer und Frauen machten sich auf den Weg.

Es waren Menschen mit brauner oder weißer Haut, mit krausen oder glatten Haaren. Manche fuhren mit dem Boot, andere ritten auf Eseln. Alle mussten dorthin, wo schon Großvater und Urgroßvater zu Hause gewesen waren. Ein jeder ging in seine Vaterstadt. Sicher ist auch, dass hinter manchem von ihnen ein Hund herlief, heimlich, weil er nicht allein zu Hause bleiben wollte.

Josef war ein Zimmermann in Nazareth. Er musste sich mit Maria, seiner Frau, in Bethlehem zählen lassen. Das war ein weiter, beschwerlicher Weg, besonders für Maria, denn sie erwartete ein Kind. Viele Tage würden sie unterwegs sein, weil Nazareth und Bethlehem weit voneinander entfernt lagen. Deshalb kaufte Josef einen Esel. Der trug Maria geduldig vorwärts, dazu das Bündel

mit dem Gepäck, und Maria konnte alles gut beobachten. Sie sah die Vogelnester in den Bäumen, sie zeigte Josef die Schlange, die unter einen Stein kroch, den Fuchsbau neben dem Felsen und die Wildkatze hinter dem Gebüsch. Maria war zufrieden. Aber eines Abends in der Herberge dachte sie: Hoffentlich sind wir bald in Bethlehem.

Drei Tage später waren sie in Bethlehem. „Das ist die Stadt meines Vaters und Großvaters“, sagte Josef zu Maria. „Die Stadt Davids.“ Maria sah ihn an. „Josef“, sagte sie, „das Kind will auf die Welt kommen. Wir müssen eilig eine Herberge finden.“ Das war leicht gesagt. Die erste Herbergstür öffnete der Wirt selbst. „Kein einziger Platz mehr für euch!“, rief er. „Kein einziger!“

Bei der zweiten Herberge steckte der Wirt nur den Kopf aus dem Fenster. „Nichts mehr frei!", rief er.
„Kein Platz mehr!", rief auch der dritte Wirt. „Der Kaiser lässt die Leute zählen, wisst ihr das nicht? Bethlehem ist überfüllt." Überall aus den Herbergen waren Stimmen zu hören und in den Höfen scharrten die Esel und schrien ihr „Iaaah!".

Der Abend kam und es wurde kalt. Maria kam nur noch mühsam vorwärts. Da klopfte Josef bei einem ärmlichen Haus an. Diese Wirtsleute hatten nichts sonst frei als einen kleinen Stall hinterm Haus.

Maria und Josef waren damit zufrieden. Josef bereitete für Maria ein Strohlager und beim Licht seiner Laterne erkannten sie einen

Ochsen und einen Esel und eine Krippe. Wie gut, dachte Maria,
und nicht lange darauf drängte das Kind in ihr.
Maria gebar einen Sohn. Er bekam den Namen Jesus.
Maria schnürte ihr Reisebündel auf, wickelte das Kind in Windeln
und legte es in die Krippe. Und schon kamen Ochs und Esel
nahe heran, gerade so, als ob sie das Neugeborene wärmen wollten.

Nicht weit von Bethlehem trieben die Hunde eine Schafherde zusammen und die Hirten stellten die Zäune auf. Der Älteste von ihnen zündete ein Feuer an aus trockenen Disteln und dürren Zweigen. Damit kochte er den Brei für alle. Aber das Feuer sollte auch die Wölfe und Schakale schrecken.
Es war eine stockdunkle Nacht. Die Hirten blieben wach und

gingen mit den Hunden um die Herde herum. Plötzlich riss die Finsternis auseinander. Licht fiel vom Himmel herab – helles, klares Licht. Die Hirten warfen sich voller Angst auf die Erde. „Was ist das? Was soll mit uns geschehen?“
„Fürchtet euch nicht!“, rief eine Stimme. Jetzt erkannten die Hirten einen Engel in dem blendenden Licht. Er kam auf sie zu.

„Ich verkündige euch große Freude“, sprach der Engel. „Für euch und alle Menschen ist heute der Heiland geboren worden, Christus, der Herr. Sucht ihn in Bethlehem in einem Stall. Dort liegt er in Windeln gewickelt in einer Futterkrippe.“
In diesem Augenblick kamen unzählige Engel vom Himmel herab.

„Ehre sei Gott in der Höhe!“, jubelten sie. „Und Friede auf Erden für alle Menschen zum Wohlgefallen.“ Danach fuhr das Licht mit den Engeln in den Himmel hinauf und es war wieder finster. Die Hirten blieben stumm. Dann sagte einer: „Eine große Freude für uns, eine große Freude! Kommt, lasst uns nach Bethlehem gehen und sehen, was da geschehen ist.“

Von weit her kamen drei vornehme Männer durch die Stadt Jerusalem geritten. Sie hießen Kaspar, Melchior und Balthasar. Sie waren einem großen, leuchtenden Stern gefolgt. Dieser Stern musste etwas Besonderes bedeuten. Jetzt wollten sie zu König Herodes, und als sie vor ihm standen, fragte Kaspar: „Wo ist der neugeborene König?“ Herodes erschrak.

„Wir haben daheim im Morgenland seinen Stern gesehen“, sagte Melchior. Und Balthasar sprach: „Wir wollen den neuen König anbeten.“ Herodes überlegte. Ein anderer König neben ihm? Das durfte nicht sein und er schickte heimlich seine Späher aus. Die drei weisen Männer aber bat er: „Sucht das Kind. Ich will auch vor ihm niederknien.“

Die drei weisen Männer ritten ratlos davon. Wohin sollten sie ihre Kamele lenken?
„Lasst uns warten, bis es dunkel ist“, sagte Melchior. „Vielleicht weist uns der Stern abermals den Weg.“
„Seltsam“, sagte Kaspar, „ich habe ihn in der vergangenen Nacht über Jerusalem nicht gesehen.“

„Er hat uns so viele Nächte den Weg gezeigt“, sagte Balthasar. „Er wird uns auch ans Ziel führen.“
Sie warteten. Die Kamele legten sich nieder. Es dämmerte, es wurde dunkel. Plötzlich leuchtete am Nachthimmel der Stern auf. „Südwärts. Es ist der Weg nach Bethlehem.“ Die drei Weisen stiegen auf und die Kamele trabten los.

Über einem Stall in Bethlehem stand der Stern – wahrhaftig, über einem Stall! Waren die drei weisen Männer wirklich am Ziel? Einer von ihnen öffnete die Stalltür. Drinnen, in einer Krippe, lag ein neugeborenes Kind. Seine Mutter Maria betrachtete es, und Josef, der Vater, leuchtete ihr mit der Laterne. Neben der Krippe aber knieten Hirten. Sie waren an ihren langen Stäben und Schafpelzen zu erkennen.

Die drei weisen Männer holten die Geschenke aus den Reisetaschen und traten leise an die Krippe heran. Jetzt spürten sie auf einmal, wie warm es um sie herum wurde und welches Leuchten von dem Kind ausging. Sie fielen auf die Knie, legten Gold, Weihrauch und Myrrhe nieder und beteten das Kind an.
Das Kind lächelte im Schlaf und Maria dachte: Was mag das alles zu bedeuten haben?

Frohe
Weihnachten!

Quellenverzeichnis

Seite 7
Susanne Szesny,
Sandra Grimm
„Hanna und die frechen Weihnachtsengel“
© Ravensburger Buchverlag

Seite 36
Marlis Scharff-Kniemeyer
„Seht, die erste Kerze brennt“
„Wir sagen euch an, den lieben Advent“
„Schneeflöckchen, Weißröckchen“
„Leise rieselt der Schnee“
© Ravensburger Buchverlag

Seite 40
Marlis Scharff-Kniemeyer,
Rosemarie Künzler-Behncke
„Frau Holle“
© Ravensburger Buchverlag

Seite 42
Marlis Scharff-Kniemeyer,
Christian Morgenstern
„Wenn es Winter wird“
© Ravensburger Buchverlag

Seite 43
Marlis Scharff-Kniemeyer,
Volksgut
„Schneeflocken“
© Ravensburger Buchverlag

Seite 45
Marlis Scharff-Kniemeyer,
Norbert Landa
„Bist du der Weihnachtsmann?“
© Ravensburger Buchverlag

Seite 74
Marlis Scharff-Kniemeyer
„Lasst uns froh und munter sein“
© Ravensburger Buchverlag

Seite 75
Marlis Scharff-Kniemeyer
„Kling, Glöckchen“
© Ravensburger Buchverlag

Seite 76
Marlis Scharff-Kniemeyer,
Theodor Storm
„Knecht Ruprecht“
© Ravensburger Buchverlag

Seite 78
Marlis Scharff-Kniemeyer
„Sankt Nikolaus ist hier"
„Guten Abend, Nikolaus"

Seite 81
Ana Weller,
Sandra Grimm
„Wo geht's denn hier nach Weihnachten?"

Seite 110
Marlis Scharff-Kniemeyer,
Albert Sergel
„Holler, boller Rumpelsack"

Seite 111
Marlis Scharff-Kniemeyer,
Anna Ritter
„Vom Christkind"

Seite 112
Marlis Scharff-Kniemeyer,
Hoffmann von Fallersleben
„Der Traum"

Seite 114
Marlis Scharff-Kniemeyer,
Joseph von Eichendorff
„Weihnachten"

Seite 115
Marlis Scharff-Kniemeyer
„Es ist ein Ros entsprungen"
„Macht hoch die Tür"
„Stille Nacht, heilige Nacht"

Seite 119
Renate Seelig,
Barbara Bartos-Höppner
„Die Weihnachtsgeschichte"

Bibliografische Information der Deutschen Nationalbibliothek:

Die Deutsche Nationalbibliothek verzeichnet diese Publikation
in der Deutschen Nationalbibliografie.
Detaillierte bibliografische Daten sind im Internet
über **http://dnb.d-nb.de** abrufbar.

1 2 3 4 15 14 13 12

Postfach 1860 • 88188 Ravensburg
Umschlagillustration: Marina Krämer
Redaktion: Friederike Eickhoff
Printed in Germany
ISBN 978-3-473-44581-3
www.ravensburger.de